BEI GRIN MACHT SICH IHR WISSEN BEZAHLT

- Wir veröffentlichen Ihre Hausarbeit,
  Bachelor- und Masterarbeit

- Ihr eigenes eBook und Buch -
  weltweit in allen wichtigen Shops

- Verdienen Sie an jedem Verkauf

Jetzt bei www.GRIN.com hochladen und kostenlos publizieren

Bibliografische Information der Deutschen Nationalbibliothek:

Die Deutsche Bibliothek verzeichnet diese Publikation in der Deutschen National-
bibliografie; detaillierte bibliografische Daten sind im Internet über http://dnb.d-
nb.de/ abrufbar.

Impressum:

Copyright © 2018 GRIN Verlag
Druck und Bindung: Books on Demand GmbH, Norderstedt Germany
ISBN: 9783668747579

Dieses Buch bei GRIN:

https://www.grin.com/document/431667

Denise Kiontke

Koordination- und Beweglichkeitstraining. Planung eines Trainingsplans anhand eines Praxisbeispiels

GRIN Verlag

GRIN - Your knowledge has value

Deutsche Hochschule für
Prävention und Gesundheitsmanagement
Hermann Neuberger Sportschule 3
66123 Saarbrücken

Einsendeaufgabe

Fachmodul:	Trainingslehre 3
Studiengang:	BFÖ
Datum Präsenzphase:	02. - 04. Mai 2018
Name, Vorname:	Kiontke, Denise
Studienort:	**Stuttgart**
Semester:	**SS16**

Inhaltsverzeichnis

1 Teilaufgabe 1 – Personendaten

Tabelle 1: Allgemeine Daten, Gesundheitszustand, Belastbarkeit und Trainierbarkeit

Allgemeine Daten	
Alter	53 Jahre
Geschlecht	Männlich
Körpergröße	178cm
Körpergewicht	80kg
Trainingsmotive	Nach Sturz von einem Gerüst bei der Arbeit und einer daraus resultierenden Beckenringfraktur, möchte die Person ihre Beweglichkeit im Hüft-Becken-Bereich, die sie vor dem Unfall hatte zurück erlangen.
Berufliche Tätigkeit	Fabrikarbeiter
Aktuelle sportliche Aktivitäten	täglich 20 min Spazieren gehen
Frühere sportliche Aktivitäten	2-3x in der Woche 50-80km Fahrradfahren
Zeitlicher Verfügungsrahmen	Täglich und flexibel, da er in Gleitzeit arbeitet
Allgemeiner Gesundheitszustand	
Orthopädische Probleme	Aufgrund der Beckenringfraktur, besteht eine eingeschränkte Beweglichkeit im Hüft-Becken-Bereich jedoch keine akuten Schmerzen
Internistische Probleme	keine
Ärztliche Behandlungen	Sind abgeschlossen
Einnahme von Medikamenten	nein
Sonst. gesundheitliche Einschränkungen	nein
Bewertung der Daten im Hinblick auf die Belastbarkeit bzw. Trainierbarkeit der Person	
Die Person ist komplett belastbar, da außer der behandelten Beckenringfraktur keine Probleme vorliegen und somit nur im orthopädischen Bereich Handlungsbedarf ist. Es ist eine gute Trainierbarkeit gegeben, da die Person vor dem Unfall sportlich aktiv war und sich mit dem jetzigen Spazierengehen auch weiterhin körperlich fit hält.	

2 Teilaufgabe 2 – Beweglichkeitstestung

Manueller Beweglichkeitstest:

Tabelle 2: Beweglichkeitstestung 1: M. pectoralis major

Testübung	Testung der Brustmuskulatur (M. pectoralis major)
Testdurchführung	(nach Janda, 2000, S.270) > Rückenlage auf Behandlungsliege > Beine angewinkelt zur Fixierung des Beckens (Füße in Kontakt mit Auflagefläche) > Thorax wird mit der Hand/Unterarm in diagonaler Richtung von der zu testenden Seite weg, durch leichten Zug des Trainers fixiert (kein Druck!) > Testarm, im Schultergelenk abduziert, sowie im Ellenbogengelenk einen 90 Grad Beugewinkel > Messbereich = Position des Oberarmes zur Horizontalen > Wichtig: „Bauchmuskulatur anspannen" um ein Abheben des Beckens oder eine Hyperlordose der Lendenwirbelsäule zu vermeiden, da dies das Messergebnis manipulieren würde.
Richt- bzw. Normwerte	(nach Janda, 2000, S.271) Stufe 0: Oberarm erreicht die Horizontale; der Oberarm kann durch leichten Druck des Testers unter die Horizontale bewegt werden. → Keine Beweglichkeitsdefizite. Stufe 1: Oberarm erreicht die Horizontale nicht; durch leichten Druck des Testers bis zur Horizontalen bewegt werden. → Leichte Beweglichkeitsdefizite. Stufe 2: Oberarm erreicht Horizontale auch durch Druck des Testers nicht. → Deutliche Bewegungsdefizite.
Testergebnisse der Person	Rechts: Stufe 0 Links: Stufe 0
Bewertung der Testergebnisse	Die Person hat keine Beweglichkeitsdefizite im M. pectoralis major

Tabelle 3: Beweglichkeitstestung 2: M. iliopsoas

Testübung	Testung Hüftbeugermuskulatur (speziell M. iliopsoas)
Testdurchführung	(nach Janda, 2000, S. S.258) > Rückenlage auf Behandlungsliege (Gesäß am Rand der Liege) > Beine im Überhang > Ein angewinkeltes Bein maximal weit zum Körper heranziehen, das andere bleibt im Überhang > Beobachtet wird die Hüftfelxion des freien Beines > Messbereich = Position des Oberschenkels im Verhältnis zur Körperlängsachse (Hüftbeugewinkel) > Wichtig: Becken und Lendenwirbelsäulemüssen fixiert leiben, da ein Abheben des Beckens oder eine Hyperlordose der Lendewirbelsäule das Ergebnis manipulieren
Richt- bzw. Normwerte	(nach Janda, 2000, S. S.259) <u>Stufe 0:</u> Oberschenkel erreicht Horizontale; Durch leichten Druck des Testers, kann Oberschnekel unter Horizontale bewegt werden. → Keine Beweglichkeitsdefizite <u>Stufe 1:</u> Leichte Hüftbeugestellung; durch leichten Druck des Testers kann Oberschenkel bis zur Horizontalen bewegt werden → Leichte Beweglichkeitsdefizite <u>Stufe 2:</u> Oberschenkel erreicht auch durch leichten Druck des Testers Horizontale nicht. → Deutliche Bewegungsdefizite.
Testergebnisse der Person	Rechts: Stufe 2 Links: Stufe 2
Bewertung der Testergebnisse	Die Person hat durch den Unfall noch deutliche Beweglichkeitsdefizite im M. iliopsoas

Tabelle 4: Beweglichkeitstestung 3: M. rectus femoris

Testübung	Testung Kniestreckmuskulatur (speziell M. rectus femoris)
Testdurchführung	nach Janda, 2000, S. 258) > Rückenlage auf Behandlungsliege (Gesäß am Rand der Liege) > Beine im Überhang > Ein angewinkeltes Bein maximal weit zum Körper heranziehen, das andere wird

Zu Tabelle 4: Beweglichkeitstestung 3: M. rectus femoris

	vom Tester im maximal möglichen Hüftextensionswinkel fixiert. > Unteres Bein wird durch Tester in einen maximalen Kniebeugewinkel geführt > Messbereich = Winkel zwischen Ober- und Unterschenkel (Kniebeugewinkel) > Wichtig: Becken und Lendenwirbelsäulemüssen fixiert leiben, da ein Abheben des Beckens oder eine Hyperlordose der Lendewirbelsäule das Ergebnis manipulieren.
Richt- bzw. Normwerte	(nach Janda, 2000, S. 259) Stufe 0: Unterschenkel hängt senkrecht herab; Durch leichten Druck des Testers ist es möglich, die Kniebeugung zu vergrößern. → Keine Beweglichkeitsdefizite Stufe 1: Unterschenkel ist leicht nach vorne gestreckt; durch leichten Druck des Testers ist es möglich, einen 90 Grad Kniebeuge- winkel zu erreichen. → Leichte Beweglichkeitsdefizite Stufe 2: Unterschenkel ist deutlich nach vorne gestreckt; auch durch leichten Druck des Testers wird der 90 Grad Kniebeugewinkel nicht erreicht. → Deutliche Bewegungsdefizite
Testergebnisse der Person	Rechts: Stufe 1 Links: Stufe 1
Bewertung der Testergebnisse	Die Person hat leichte Beweglichkeitsdefizite im M. rectus femoris

Tabelle 5: Beweglichkeitstestung 4: Mm. ischiocrurales

Testübung	Testung Kniebeugemuskulatur (Mm. ischiocrurales)
Testdurchführung	(nach Janda, 2000, S. 261) > Rückenlage auf Behandlungsliege > Nicht getestetes Bein ist im Hüft- und Kniegelenk gebeugt > zu testendes Bein wird vom Tester bei gestrecktem Kniegelenk in die maximal mögliche hüftflexion geführt (patella bleibt bei Fixierung frei) > Messbereich = Winkel zwischen Beinachse und Longitudialachse (Hüftbeugewingel) > Wichtig: Becken und Lendenwirbelsäule müssen fixiert bleiben, da ein Abheben des Beckens oder eine Hyperlordose

Zu Tabelle 5: Beweglichkeitstestung 4: Mm. ischiocrurales

	der Lendewirbelsäule das Ergebnis manipulieren. Ebenso muss das zu testende Bein gestreckt bleiben und das Gegenbein darf die Ausgangsposition nicht verlassen.
Richt- bzw. Normwerte	(nach Janda, 2000, S. 262) Stufe 0: Flexion im Hüftgelenk ist im Ausmaß von 90 Grad möglich. → Keine Beweglichkeitsdefizite Stufe 1: Flexion im Hüftgelenk ist zwischen 80-90 Grad möglich. → Leichte Beweglichkeitsdefizite Stufe 2: Flexion im Hüftgelenk ist nur unter 80 Grad möglich. → Deutliche Bewegungsdefizite
Testergebnisse der Person	Rechts: Stufe 2 Links: Stufe 2
Bewertung der Testergebnisse	Die Person hat durch den Unfall noch deutliche Beweglichkeitsdefizite im Mm. ischiocrurales

Tabelle 6: Beweglichkeitstestung 5: Mm. triceps suare

Testübung	Testung Wadenmuskulatur (Mm. triceps surae)
Testdurchführung	(nach Janda, 2000, S. 255) > Rückenlage auf Behandlungsliege > Nicht zu testendes Bein steht gebeugt mit dem Fuß auf der Unterlage > Zu testendes Bein ist gestreckt; distale Hälfte des Unterschenkels ragt über das Ende der Liege > Tester greift mit einer Hand das Bein distal am Fersenbein; die andere Hand greift den Fuß von der Fußaußenkante > Tester übt Hauptzug an der Ferse aus und zieht distalabwärts; Daumen der anderen Hand lenkt Vorfuß mit leichtem achsengerechten Druck zum Schienbein hin (maximale Dorsalextension) > Soll der M. soleus isoliert getestet werden, wird nach erreichen der max. Dorsalextension das Kniegelenk gebeugt und Tester versucht das Bewegungsausmaß zu vergrößern. → so kann die Testauswertung differenziert nach M. gastrocnemius und M. soleus erfolgen. > Wichtig: Der Druck des Daumen sollte am äußeren Fußrand erfolgen, denn durch Drücken in der Mitte kann zu es einer

	reflektorischen Anspannung der Mm. Triceps suare kommen, welche das Testergebnis verfälscht.
Richt- bzw. Normwerte	(nach Janda, 2000, S. 255)
	Stufe 0:
	Dorsalextension ist mindestens bis zur 0 Grad-Stellung möglich (90 Grad zwischen Fuß und Unterschenkel)
	→ Keine Beweglichkeitsdefizite
	Stufe 1:
	Die 0 Grad-Stellung wird nicht erreicht; Dorsalextension ist aber möglich
	→ Leichte Beweglichkeitsdefizite
	Stufe 2:
	Dorsalextension ist nur bis 10 Grad unterhalb der 0 Grad-Stellung möglich
	→ Deutliche Beweglichkeitsdefizite
Testergebnisse der Person	Rechts: Stufe 0
	Links: Stufe 0
Bewertung der Testergebnisse	Die Person hat keine Beweglichkeitsdefizite im Mm. triceps suare

3 Teilaufgabe 3 – Trainingsplanung Beweglichkeitstraining

Tabelle 7: Trainingsplanung Beweglichkeitstraining

Dehnübung Nr.1:	
Muskel	M. pectoralis major
Ausführung	Ausgangsposition: Aufrechter Sitz auf einem Hocker, damit die unteren Extremitäten stabilisiert sind.
Die Arme werden seitlich auf Schulterhöhe gehalten, die Unterarme im Ellenbogen nach oben gebeugt. Die Oberarme, die Schulter und der Rücken werden angespannt, um die Arme so weit wie möglich nach hinten zu führen und so den max. Dehnreiz zu erreichen.
Dauer	3 Sätze à 30 sec. pro Seite
Dehnform	Aktiv
Arbeitsweise	Statisch

Zu Tabelle 7: Trainingsplanung Beweglichkeitstraining

Dehnübung Nr.2	
Muskel	M. trapezius, pars decendens
Ausführung	Ausgangsposition: Rückenlage, beide Beine angestellt. Der Kopf wird zur kontralateralen geneigt. Mit dem gleichseitigen Arm kann diese Bewegung unterstützt werden, indem der Schultergürtel der ipsilateralen Seite nach unten gezogen wird.
Dauer	2 Sätze à 15 sec. pro Seite
Dehnform	Aktiv/Passiv
Arbeitsweise	Statisch
Dehnübung Nr.3	
Muskel	M. triceps brachii
Ausführung	Ausgangsposition: Hüftbreiter, aufrechter Stand der Person, leicht gebeugte Knie. Ein Arm wird hinter dem Kopf verschränkt, mit der Hand des anderen Armes wird der obere Arm am Ellenbogen maximal nach unten gedrückt.
Dauer	2 Sätze à 15sec. pro Seite
Dehnform	Passiv
Arbeitsweise	Statisch
Dehnübung Nr.4	
Muskel	M. biceps femoris
Ausführung	Ausgangsposition: Aufrechter Stand mit überkreuzten Füßen. Beide Beine sind vollständig extendiert. Der Oberkörper beugt sich nun langsam nach vorne bis der max. Dehnreiz erreicht ist.
Dauer	2 Sätze à 30sec. pro Seite
Dehnform	Passiv
Arbeitsweise	Statisch
Dehnübung Nr.5	
Muskel	M. quadriceps femoris
Ausführung	Ausgangsposition: Aufrechter Einbeinstand mit dem Rücken zu einer Wand. Das zu dehnende Bein ist gebeugt, die Ferse zieht Richtung Gesäß. Die Oberschenkel sind parallel. Um den max. Dehnreiz zu erreichen, wird das zu dehnende Bein gegen die Wand geschoben.
Dauer	4 Sätze à 30 sec. pro Seite
Dehnform	Passiv
Arbeitsweise	Statisch
Dehnübung Nr.6	
Muskel	M. iliopsoas

Ausführung	Ausgangsposition: Stabiler Ausfallschritt, Knie des Vorderbeines nicht über die Zehenspitzen geschoben. Im Idealfall hat das vordere Kniegelenk eine Beugung von 90 Grad. Hinteres Bein ist abgelegt, der Oberschenkel maximal von der Hüfte gestreckt. (Hände dürfen zu Stabilisation schulterbreit neben dem vorderen Fuß abgestützt werden.) Der Rücken ist gerade und der Hals in seiner natürlichen Verlängerung zur Wirbelsäule. Nun wird das Becken nach vorne geschoben, um einen max. Dehnreiz zu erzeugen.
Dauer	4 Sätze à 30 sec. pro Seite
Dehnform	Passiv
Arbeitsweise	Statisch

Dehnübung Nr.7	
Muskel	M. rectus femoris
Ausführung	Ausgangsposition: Selbe wie bei Dehnübung Nr. 6, Oberkörper jedoch aufgerichtet. Hand der zu dehnenden Seite umgreift das Fußgelenk des hinteren Beines. (Andere Hand kann zur Stabilisation an einer Wand halten.) Die Ferse wird nun langsam Richtung Gesäß gezogen, bis der max. Dehnreiz erreicht ist. Sobald dieser erreicht ist, den Unterschenkel wieder in die Ausgangsposition zurückführen und dann erneut in die Dehnung.
Dauer	2 Sätze à 15x pro Seite
Dehnform	Passiv
Arbeitsweise	Dynamisch

Dehnübung Nr.8	
Muskel	M. gluteus maximus
Ausführung	Ausgangsposition: Rückenlage, Beine gestreckt abgelegt. Das Bein der zu dehnenden Seite wird gebeugt mit dem Fußgelenk über dem Knie des anderen Beines abgelegt. Nun wird das untere Bein nach Oben genommen und mit den Armen dort an den Oberkörper heran gezogen, bis an der zu dehnenden Seite der max. Dehnreiz erreicht ist.
Dauer	2 Sätze à 15 sec. pro Seite
Dehnform	Passiv
Arbeitsweise	Statisch

Dehnübung Nr.9	
Muskel	Mm. ischiocrurales
Ausführung	Ausgangsposition: Rückenlage, nicht zu dehnendes Bein ist aufgestellt und im Knie- und Hüftgelenk gebeugt. Nun ist eine zweite Person erforderlich. Diese stellt fest, dass das zu dehnende Bein im Kniegelenk extendiert und das Becken fixiert ist. Mit der distalen Hand wird am Oberschenkel das Bein fixiert, der Unterschenkel

	liegt auf der Schulter der Hilfsperson. Die körpernahe Hand umgreift das Fersenbein. Das extendierte Bein wird nun durch die Hilfsperson Richtung Körper geführt bis ein leichter Dehnreiz zu spüren ist. An dieser Dehnposition übt die Person mit dem zu dehnenden Bein 10 sec. Druck auf die Hilfsperson aus, um eine Muskelkontraktion zu erzeugen. Anschließend wird die Muskulatur ca. 3 sec. entspannt, um danach für 15sec. in einen höheren Dehnreiz als zuvor zu gehen, welcher statisch gehalten wird. Vgl. (Hollmann, Lames, & Letzelter, 2002, S. 100)
Dauer	3 Sätze à 3 Wdh. pro Bein
Dehnform	Passiv
Arbeitsweise	Postisometrisch
Dehnübung Nr.10	
Muskel	M. erector spinae
Ausführung	Ausgangsposition: Sitz auf einer Matte mit leicht angewinkelten Beinen, die Arme umschließen von innen die Unterschenkel. Die die Bauchmuskulatur wird maximal angespannt, der Oberkörper ist aufgerichtet und gestreckt. Die Arme ziehen den Oberkörper nun nach vorne, bis der max. Dehnreiz im Lendenwirbelbereich erreicht wird.
Dauer	3 Sätze à 30sec.
Dehnform	Aktiv
Arbeitsweise	Statisch

Belastungsgefüge

Das Dehnprogramm wird 4x pro Woche durchgeführt, immer unter Anweisung, Aufsicht und Hilfestellung eines Trainers. Die Satzpausen betragen zwischen 60-90 Sekunden. Die Anzahl der Sätze und Wiederholungen kann je nach Tagesform der Person, angepasst werden. Bei den Übungen ist auf ruhiges gleichmäßiges Atmen zu achten. Es muss immer bis hin zum maximalen Dehnreiz nach subjektivem Belastungs- und Schmerzempfinden gedehnt werden. Die Dehnintensität sollte bei ca. 3,5 Grad liegen.

Begründung

Durch das erstellte Dehnprogramm sollen die durch den Unfall entstandenen Bewegungsdefizite verbessert werden. Der Fokus liegt demnach auf dem Beckengürtel und den unteren Extremitäten. Um die restliche Muskulatur nicht zu vernachlässigen und muskuläre Dysbalancen zu verhindern, wurden die größten und wichtigsten Muskeln mit in das Dehnprogramm integriert.

Die passiven Dehnmethoden fördern neben der Beweglichkeit auch die reaktive Durchblutung und Kräftigung der agonistisch wirkende Muskulatur (Freiwald, 2009, S. 291). Die aktivdynamischen Dehnübungen bereiten auf weiterführende sportlichen Tätigkeiten vor, speziell bei großen Bewegungsamplituden (Freiwald, 2009, S. 286).

Die statischen Dehnübungen beeinflussen neben den Afferenzen der Muskelspindeln auch die Golgi-Organe und andere Rezeptoren-Systeme, welche für eine verbesserte intra- und intermuskuläre Koordination sorgen (Freiwald, 2009, S. 285).

Die Dehnintensität von ca. 3,5 Grad stellt laut (Dr. Marschall, 1999) einen medialen Wert für eine maximierte Bewegungsamplitude in einer Hüftflexion dar, welche die Beweglichkeitsdefizite nach dem Unfall im Becken-Hüft-Bereich verbessert.

4 Teilaufgabe 4 – Trainingsplanung Koordinationstraining

Tabelle 8: Trainingsplanung Koordinationstraining im Sinne eines Gleichgewichtstrainings

Übung Nr.1:	
Übung	Einbeiniger Stand mit geschlossenen Augen
Hilfsmittel/ Kleingerät	Ohne
Ausführung	Die Person steht auf einem Bein. Das Standbein ist leicht gebeugt, das andere Bein ist freischwebend hinter dem Körper gebeugt. Die Arme dürfen zur Stabilisation zur Seite gestreckt werden. Nun schließt die Person die Augen und hält die Position.
Dauer/Sätze	6 Wdh. à 10sec. pro Seite
Übung Nr.2	
Übung	Einbeiniger Stand mit geschlossenen Augen, Ball jonglieren
Hilfsmittel/ Kleingerät	Gymnastikball
Ausführung	Die Person steht auf einem Bein. Das Standbein ist leicht gebeugt, das andere Bein ist freischwebend hinter dem Körper gebeugt. Mit nach vorne ausgestreckten Armen wird nun der Gymnastikball von der einen Hand zu der anderen Hand geworfen. Das ganze nach zwei Würfen mit geöffneten Augen, dann mit geschlossenen Augen.
Dauer/Sätze	6 Wdh. à 10sec. Ball werfen pro Beinseite (mind. 15 Würfe je 10sec.)
Übung Nr.3	
Übung	Einbeiniger Stand, Ball gegen eine Markierung werfen und fangen
Hilfsmittel/ Kleingerät	Tennisball
Ausführung	Die Person steht etwa zwei Meter vor einer Wand auf einem Bein. Das Standbein ist leicht gebeugt, das andere Bein ist freischwebend hinter dem Körper gebeugt. Nun versucht die Person mit einem Arm den Tennisball gegen an eine Markierte Stelle an der Wand zu werfen und den Ball anschließend wieder zu fangen.
Dauer/Sätze	1 Satz à 10 Würfen pro Arm

Zu Tabelle 8: Trainingsplanung Koordinationstraining im Sinne eines Gleichgewichtstrainings

Übung Nr.4	
Übung	Kniebeuge auf Wackelkissen
Hilfsmittel/ Kleingerät	Wackelkissen
Ausführung	Die Person stellt sich Hüftbreit ohne Schuhe auf das Wackelkissen. Begibt sich in die Kniebeuge, indem sie das Becken nach hinten schiebt und die Knie maximal beugt. Die Knie müssen hierbei hinter den Zehenspitzen sein. Der Oberkörper ist aufgerichtet und der Kopf in Verlängerung der Wirbelsäule. Die Arme sind nach vorne gestreckt. Diese Position halten, dann absteigen und die Position erneut aufbauen.
Dauer/Sätze	6 Sätze à 10sec. halten
Übung Nr.5	
Übung	Kniebeuge auf Wackelkissen, mit geschlossenen Augen
Hilfsmittel/ Kleingerät	Wackelkissen
Ausführung	Selbe Ausführung wie bei Übung Nr.4, diesmal jedoch mit geschlossenen Augen
Dauer/Sätze	6 Sätze à 10sec. halten
Übung Nr.6	
Übung	Hüftabduktion, Bein kreisen auf Signal
Hilfsmittel/ Kleingerät	Barren
Ausführung	Die Person steht seitlich neben dem Barren. Die Hand auf der Barrenseite kann sich leicht halten. Das barrenferne Bein wird seitlich in eine Hüftabduktion bewegt. Das Standbein ist leicht gebeugt, das abgehobene Bein ist durchgestreckt. Die Füße zeigen nach vorne. Auf das Wortsignal „Eins" muss das Bein in einer Innenrotation gekreist werden. Bei dem Wortsignal „Zwei" muss das Bein in einer Außenrotation gekreist werden. Bei dem Wortsignal „Drei" muss das Bein abwechselnd Innen- und Außenrotiert als „Acht" gekreist werden.
Dauer/Sätze	3 Wdh. à 30sec. pro Bein
Übung Nr.7	
Übung	Hüftabduktion, seitliche Beugung des Oberkörpers
Hilfsmittel/ Kleingerät	Ohne
Ausführung	Selbe Ausgangsposition wie bei Übung Nr.6, jedoch ohne Halten an der Barrenstange. Die Hände halten an der Hüfte, Oberkörper ist aufgerichtet und der Bauch angespannt. Nun wird der Oberkörper seitlich in die Richtung des abduktierten Beines geführt und wieder in die Ausgangsposition zurück genommen.

Zu Tabelle 8: Trainingsplanung Koordinationstraining im Sinne eines Gleichgewichtstrainings

Dauer/Sätze	4 Sätze à 20 Wdh. pro Seite
Übung Nr.8	
Übung	Ausfallschritt, seitliche Rumpfrotation, Ball fangen und werfen nach einer Liegestütze mit Strecksprung
Hilfsmittel/ Kleingerät	Gymnastikball, Eimer
Ausführung	Die Person steht in einem Ausfallschritt, bei dem das vordere Bein in einem Kniebeugewinkel von ca. 90 Grad ist und das hintere Bein gestreckt ist. Der vordere Fuß ist komplett belastet, der Hintere Fuß nur auf dem Fußballen, die Ferse ist in der Luft. Der Oberkörper ist aufrecht, der Bauch angespannt. Nun wird der Rumpf in Richtung des hinteren Beines seitlich rotiert. Dort wird ein Gymnastikball von einer Hilfsperson zugeworfen, der gefangen werden muss. Dann wird der Rumpf wieder nach vorne gedreht und von dort aus, muss der Gymnastikball in einen 1,5m entfernten Eimer geworfen werden. Das ganze findet nach einer Vorbelastung, in der die Person eine Liegestütze und einen Strecksprung macht, statt.
Dauer/Sätze	10x fangen und werfen pro Seite
Übung Nr.9	
Übung	Standwaage diagonal auf Wackelbrett
Hilfsmittel/ Kleingerät	Wackelbrett
Ausführung	Die Person geht in die Standwaage, bei der diagonal ein Bein und ein Arm ausgestreckt und vollständig extendiert sind (Bsp. rechter Arm und linkes Bein) und der Oberkörper parallel zum Boden ist. Das Standbein ist leicht gebeugt auf dem Wackelbrett, der andere Arm ist neben dem Körper nach hinten gestreckt. Die Hüfte ist gerade und parallel zum Boden. Position halten, dann die Seite wechseln.
Dauer/Sätze	4 Sätze à 10 sec. Halten pro Seite
Übung Nr.10	
Übung	Ausfallschritt zur diagonalen Standwaage
Hilfsmittel/ Kleingerät	ohne
Ausführung	Die Person steht im Ausfallschritt mit einem Kniebeugewinkel von 90 Grad vorne und Hinten. Die Hüfte ist gerade und parallel zum Boden, der Oberkörper aufrecht. Nun begibt sich die Person aus dem Ausfallschritt in die diagonale Standwaage aus Übung Nr. 9, wobei das vordere Bein des Ausfallschrittes das Standbein der Standwaage ist. Die Standwaage wird kurz gehalten und dann begibt sich die Person zurück in den Ausfallschritt. Es ist erlaubt sich mit dem hinteren Bein aus dem Ausfallschritt in die Standwaage abzustoßen, um besser in die Position zu kommen.

Zu Tabelle 8: Trainingsplanung Koordinationstraining im Sinne eines Gleichgewichtstrainings

Dauer/Sätze	2 Sätze à 10x Positionswechsel pro Bein

Belastungsgefüge

Das Koordinationsprogramm wird 3x pro Woche durchgeführt, immer an den Tagen, an denen kein Dehntraining durchgeführt wird. Das Gleichgewichtstraining findet immer unter Anweisung, Aufsicht und Hilfestellung eines Trainers statt. Die Satzpausen betragen zwischen 60-90 Sekunden. Die Anzahl der Sätze und Wiederholungen kann je nach Tagesform der Person, angepasst werden. Bei den Übungen ist auf ruhiges gleichmäßiges Atmen zu achten. Es muss immer bis zur vollen Intensität trainiert werden.

Begründung

Durch das erstellte Koordinationsprogramm soll das Gleichgewicht trainiert werden und auch die durch den Unfall geschwächten Muskeln gestärkt werden. Da die Person durch die früheren und auch die jetzigen sportlichen Aktivitäten körperlich fit und belastbar ist, konnten komplexere und schwerere Übungen verwendet werden. Diese bauen jedoch aufeinander auf, um den Körper langsam an die Belastung heranzuführen. Das Koordinationstraining ist angelehnt an den von (Neumaier, 1999) dargestellten „Koordinations-Anforderungs-Regler(KAR)" bestehend aus den Informationsanforderungen und den Druckbedingungen. Bei den Informationsbedingungen werden Anforderungen bei den Koordinationsübungen an die optischen, akustischen, taktilen, kinästhetischen und vestibulären Analysatoren gestellt (Neumaier, 1999, S. 157). Bei den Druckbedingungen wird zwischen Präzisionsdruck, Zeitdruck, Komplexitätsdruck, Situationsdruck und Belastungsdruck unterschieden (Neumaier, 1999). Um auf die Druckbedingungen und die Informationsanforderungen einzugehen und diese zu beachten, wurde das Gleichgewichtstraining unter Beachtung von

- Variation der Bewegungsausführung,
- Veränderung der Übungsbedingungen.
- Kombination von Bewegungsfertigkeiten,
- Üben unter Zeitdruck,
- Variation und Einschränkung der Informationsaufnahme und
- Üben nach Vorbelastung

erstellt (Roth, 1998, S. 94).

5 Teilaufgabe 5 – Literaturrecherche

Tabelle 9: Literaturrecherche zu "Effekte des Dehnens auf die Bewegungsreichweite bzw. auf die Dehnungsspannung"

	Studie 1	Studie 2
Studientitel	Bewegungsreichweite, Zugkraft und Muskelaktivität bei eigen- bzw. fremdregulierter Dehnung	Wie beeinflussen unterschiedliche Dehnintensitäten kurzfristig die Veränderung der Bewegungsreichweite?
Quelle	(Glück, Schwarz, Hoffmann, & G.Wydra, 2002, S. 66-71)	(Dr. Marschall, 1999, S. 5-9)
Studienführer	S.Glück, M. Schwarz, U. Hoffmann, G.Wyda	Dr. Franz Marschall
Jahr der Publikation	2002	1999
Versuchspersonen	27 Sportstudenten: >16 Männer / 11 Frauen >Alter: 25 ± 2 Jahre >Körpergewicht: 68 ± 10kg >Körpergröße: 176 ± 8cm Nicht teilnahmeberechtigt waren Studenten, die Sportarten mit überdurchschnittlich hohen Beweglichkeitsanteilen betrieben.	21 Versuchspersonen: >12 Männer / 9 Frauen >Alter: 24,8 ± 3,4 Jahre >Körpergewicht: 66,6 ± 11kg >Körpergröße: 172,9 ± 8,5cm
Versuchsaufbau	Die Versuchspersonen wurden zufällig in drei Gruppen eingeteilt. Jede Gruppe führte jeweils standardisierte Testformen in randomisierter Reihenfolge durch. Es gab eine Eingewöhnungswoche mit drei Terminen, in der sich die Testpersonen mit der Apparatur, den Dehnungsformen und dem maximalen Dehnreiz vertraut machen konnten. Nach der Eingewöhnungswoche erfolgte eine Woche Pause. Danach wurde drei Wochen lang getestet mit jeweils einem Test pro Woche. Die gesamte Testzeit betrug demnach fünf Wochen. Nach einem fünf minütigen erwärmen der ischiocruralen Muskulatur durch eine Belastung von 1,5 Watt/kg Körpergewicht auf einem Fahrradergometer wurden die drei verschiedenen Testformen durchgeführt. Gruppe 1 führte den Test mit direkter Eigendehnung über den Seilzug der	Die Versuchspersonen wurden nach einem Eingewöhnungstest zur Erfassung der maximalen Dehnfähigkeit (Dmax.) zufällig den Treatment-Gruppen „Weiches Dehnen" und „Maximales Dehnen" zugewiesen. Zu dehnen war differenziert entweder die linke oder die rechte Beinseite. Dies wurde, wie die Reihenfolge der Trainingsübungen, zufällig eingeteilt. Nach erwärmen der ischiocruralen Muskulatur durch eine Belastung von 1,5 Watt/kg Körpergewicht auf einem Fahrradergometer und einer anschließenden standardisierten Kniebeugung, wurde im Vortest die Dmax. erfasst. Zur Testung wurde die Dehnachse, die Fixierung der Wirbelsäule und die Fixierung des Gegenbeines sichergestellt und mit einer elektronischen Steuerung mit konstanter Geschwindigkeit von 1,5 Grad/sec. die Dehnposition für

Zu Tabelle 9: Literaturrecherche zu "Effekte des Dehnens auf die Bewegungsreichweite bzw. auf die Dehnungsspannung"

	Apparatur durch. Gruppe 2 führte den Test mit indirekter Eigendehnung durch. Das Gerät wurde von ihnen über einen Elektromotor gesteuert. Bei Gruppe 3 wurde der Test mit indirekter Fremddehnung durchgeführt. Hier steuerte ein Testleiter die Apparatur über den Elektromotor. Die Ausgangsposition aller Testformen war ein 45 Grad Hüftflexionswinkel mit gleichzeitiger Knieextension. Das Testbein wurde 15x nacheinander in die max. Dehnposition gebracht und dann sofort wieder in den Ausgangswinkel zurück bewegt.	die Ischiocrurale Muskulatur eingenommen. Der maximale Dehnreiz wurde kurz gehalten (< 2sec.) und wieder gelöst. Die Treatment-Prozedur beinhaltet 15 Wdh. ohne Pause aus der Neutral-Null-Grad-Position des Hüftgelenks bis zur jeweiligen (von der Versuchsperson bestimmten) Treatment-Grenze. Die Winkelmessung im Hüftbeuger erfolgte über einen digitalen Drehimpulsgeber. Der Untersuchungstermin schloss mit einer erneuten Erfassung der Dmax. ab.
Ergebnis und Schlussfolgerung	Durch das Dehnen mit direkter Eigendehnung konnte eine 5 % höhere Bewegungsreichweite erzielt werden als durch das Dehnen mit indirekter Eigen- /oder Fremddehnung. Zwischen den beiden indirekten Dehnformen konnte kein Unterschied festgestellt werden. Die erhöhte sensomotorische Reaktion der zu dehnenden und zur Dehnung eingesetzten Muskulatur könnte Ursache für den Unterschied zwischen der direkten und den indirekten Dehnformen sein.	Es konnte durch das Dehnen der ischiocruralen Muskulatur eine kurzfristige Veränderung der maximalen Bewegungsreichweite bei beiden Methoden erreicht werden. Die Effizienz ist bei der „maximalen Dehnung" deutlich höher als beim „weichen Dehnen", was auf die optimale Beanspruchung der Teilstrukturen im tendomuskulären System zurückzuführen ist. Des Weiteren führt die progressive Belastung durch die Verschiebung der größeren Gelenkwinkel während der Wiederholungen zu dem Ergebnis.

6   Literaturverzeichnis

Dr. Marschall, F. (1999). Wie beeinflussen unterschiedliche Dehnintensitäten kurzfristig die Veränderung der Bewegungsreichweite? (A. B.-u. Sportwissenschaftliches Institut der UNiversität des Saarlandes, Hrsg.) *DEUTSCHE ZEITSCHRIFT FÜR SPORTMEDIZIN*, S. 5-9.

Freiwald, J. (2009). *Optimales Dehnen: Sport – Prävention – Rehabilitation.* Spitta.

Glück, S., Schwarz, M., Hoffmann, U., & G.Wydra. (18. März 2002). Bewegungsreichweite, Zugkraft und Muskelaktivität bei eigen- bzw. fremdregulierter Dehnung. *DEUTSCHE ZEITSCHRIFT FÜR SPORTMEDIZIN*, S. 66-71.

Hollmann, A., Lames, M., & Letzelter, M. (2002). *Einführung in die Trainingswissenschaft.* Wiebelsheim: Limpert.

Janda, V. (2000). *Manuelle Muskelfunktionsdiagnostik.* München: Urban und Fischer.

Neumaier, A. (1999). Koordinatives Anforderungsprofil und Koordinationstraining. Grundlagen - Analyse - Methodik. *1.* Köln: Sport u. Buch Strauß.

Roth, K. (1998). Wie verbessert man koordinative Fähigkeiten? (B. SPORTPÄDAGOGEN, Hrsg.) *Methoden im Sportunterricht*, S. 85-102.

7 Tabellenverzeichnis